Liebe Malerkollegen,

Ich habe als Amateur-Maler Jahre mit dem Versuch verbracht, das Farbenmischen anhand von Büchern, Farbtafeln und durch ständiges Üben zu erlernen. Doch trotz intensivem Üben und Experimentieren war ich mir meiner Farbtöne und meiner Farbpalette nie sicher.

Ich hatte Schwierigkeiten, Farbtöne, die ich zuvor gemischt hatte und die mir gefielen, zu einem späteren Zeitpunkt nochmals anzumischen. Stunden verbrachte ich mit Farbenmischen, nur um beim nächsten Bild wieder von neuem damit zu beginnen. Die zarte, klare Farbe, nach der ich suchte, wurde oft düster und wirkte schmutzig, und ich verschwendete viel teures Malmaterial.

Haben Sie ähnliche Probleme?

Wenn ja, so sind Sie sicher auch schon vor dem Problem gestanden: Welche Malfarben soll ich kaufen und verwenden? Es steht eine Vielzahl von Farbtönen zur Auswahl, viele von ihnen lassen sich jedoch aus einigen Standardfarbtönen selbst mischen. Doch welche sind es?

Ich habe im Lauf meiner Studien ein eigenes Farbmischsystem entwickelt und lade Sie ein, es kennenzulernen. Ich bin sicher, daß Sie mit seiner Hilfe Ihre Farbpalette erweitern und Ihre Farbmischungen verbessern können. Wenn Sie das Buch durchgearbeitet haben, liegt ein nützliches Nachschlagewerk vor Ihnen, das viele Anregungen zum Mischen neuer Farbtöne bietet.

Das Durcharbeiten dieses Buches ist keine Angelegenheit, die an einem Sonntagnachmittag erledigt werden kann – es wird Zeit und Sorgfalt von Ihnen verlangt. Dieser Aufwand lohnt sich aber, da Ihre zukünftigen Bilder wesentlich besser und ausgewogener sein werden.

Ich habe das Buch in drei Teile gegliedert:

1. Farbenpalette: In diesem Teil stelle ich Ihnen die Standardfarben eingehend vor.

2. Farben-Nachschlagewerk: Dieser Teil wird Ihnen in Zukunft als Nachschlagewerk dienen. Es beginnt mit dem hellsten Gelb und endet mit den dunkelsten Schattentönungen. Beim Durcharbeiten dieser Seiten werden Sie sehen, wie sich die Farben gegenseitig beeinflussen.

3. Farbübungen
Der letzte Teil des Buches ist Ihren eigenen Übungen mit den Malfarben vorbehalten.

Übrigens, die Spirale läßt sich durch Drehen einfach entfernen. Die einzelnen Seiten trocknen dann besser, und Sie können die Blätter dann auch an die Wand Ihres Ateliers hängen.

Nun aber wünsche ich Ihnen viel Erfolg und Freude bei den Übungen!

Michael Wilcox

Inhalt

Teil 1
Farbenpalette

Teil 2
Farben-Nachschlagewerk

Die Farben sind, damit sie schneller zu finden sind, zu Gelb-, Braun-, Rot-, Grün- und Blaupigmenten zusammengefaßt. Das Inhaltsverzeichnis der einzelnen Seiten sollen Sie selbst ausfüllen.

Würde ich das Inhaltsverzeichnis ausfüllen, wären Sie vielleicht mit einigen Bezeichnungen nicht einverstanden, da Sie ein anderes Farbgefühl haben. Matte Grüntöne sehen Sie vielleicht als Braungrün oder Waldgrün. Manche warmen Brauntöne könnten auch als Hautfarben bezeichnet werden.

Jeden Farbton, der Ihnen besonders zusagt, sollten Sie hier vermerken. Ebenso sollten Sie die leeren Seiten für Notizen verwenden, während Sie das Buch durcharbeiten.

Teil 3
Farbübungen

Wenn Sie das Buch durchgearbeitet haben, haben Sie bestimmt Lust auf eigene Übungen mit verschiedenen Farbkombinationen und Mischungen. Dieser Teil zeichnet Ihnen den Weg vor. Besonders gelungene Farbtöne vermerken Sie hier.

Zu den Farben

Qualität

Wenn möglich, sollten Sie Künstlerfarben verwenden, da diese oft lichtbeständiger und brillanter sind als Studiofarben. Viele Pigmente, vor allem die natürlichen Erdfarben, sind jedoch als Studiofarben genauso lichtbeständig. Dies wird bei der Beschreibung der Farben angegeben.

Beim Farbenkauf werden Sie feststellen, daß viele Farben unter verschiedenen Bezeichnungen bekannt sind. Ihr Händler wird Ihnen helfen unter den verwandten Farben auszuwählen und einen vergleichbaren Farbton zu finden.

Lichtbeständigkeit

Bei jedem Farbpigment ist der Grad der Lichtbeständigkeit angegeben.

A Äußerst lichtbeständig.

B Lichtbeständig; kann bei Verwendung als Lasur ein wenig ausbleichen.

Dies sind nur ungefähre Angaben, da die Lichtbeständigkeit der Farben je nach Hersteller variieren kann. Die Angaben gelten nur für Künstlerfarben.

Einige Hersteller bezeichnen die Lichtbeständigkeit der Pigmente auch durch Sternchen auf der Farbtube. Die Reihenfolge reicht von drei Sternen (äußerst beständig) bis zu einem Stern (gering beständig).

Verblassen

Alle wasserlöslichen Pigmente verblassen, wenn sie starkem Sonnenlicht ausgesetzt sind, manche schneller, manche langsamer.

Behandeln Sie das Buch daher wie ein Aquarellgemälde, und setzen Sie die Seiten nicht für längere Zeit direktem Sonnenlicht aus.

Schwarz

In Mischungen kann Schwarz den Farbton verschmutzen, und reines Schwarz kann »Löcher« im Bild bewirken. Sie werden in diesem Buch die schönen, weichen »Schwarztöne« sehen, die aus Mischungen dunkler Farben entstehen und die Gesamtwirkung eines Bildes nicht zerstören. Schöne Grautöne entstehen auch beim Mischen von Komplementärfarben. Das Mischen von Komplementärfarben habe ich ausführlich in meinen Büchern *Die praktische Farbenlehre für den Ölmaler* und *Die praktische Farbenlehre für den Aquarellmaler* beschrieben.

Weiß

Weiß hat auf der Palette eines Aquarellmalers nichts zu suchen. Es zerstört die Brillanz und Transparenz der Farben. Weiße Flächen entstehen durch den Farbton des unbehandelten Papiers. Wenn man Farben aufhellen will, läßt man einfach das weiße Papier durchschimmern.

Wasser

Benutzen Sie für dieses Buch und für Ihre Malerei möglichst destilliertes oder abgekochtes Wasser. Leitungswasser ist sehr oft hart und kalkhaltig. Mit der Zeit könnte dieses Wasser Ihre Farben ausflocken lassen.

Teil 1
Farbenpalette

Füllen Sie die Felder entsprechend den Anweisungen auf Umschlagseite 2 aus.

Neapelgelb

Lichtbeständigkeit B

Ursprünglich wurde diese Farbe aus Blei gewonnen, sie wird heute aber durch andere Pigmente ersetzt.
Sehr gut zum Mischen geeignet, da es alle anderen Farben weicher und wärmer wirken läßt. Es deckt gut und ist für mich eine der wichtigsten Farben dieser Palette, obwohl es nicht zu den reinen Farben zählt.

Wenn Sie es in verschiedenen Mischungen ausprobiert haben, werden Sie feststellen, daß sogar die kräftigen, leuchtenden Farben mit sehr schönem Ergebnis gemildert werden.

Wegen seiner Vielseitigkeit ist Neapelgelb bei Malern sehr beliebt. Widerstehen Sie jedoch der Versuchung, zuviel von dieser anziehenden Farbe in Ihrer Arbeit zu benutzen.

Zitronengelb

Lichtbeständigkeit B

Eine blasse, kühle und beständige Farbe, die ihre Intensität auch verdünnt beibehält. In Mischungen mit Blautönen, besonders mit Coelinblau oder Kobaltblau, ergibt diese transparente und sehr zarte Farbe saubere Grüntöne. Zwischen Zitronengelb und Kadmiumgelb hell liegt die gelbe Grundfarbe.

Der Name »Zitronengelb« wird oft undifferenziert für ein helles Gelb mit unterschiedlichsten Bestandteilen benutzt. Das verläßlichste Zitronengelb basiert für mich auf Acrylamid oder Barium. Es ist besser, andere Varianten nicht zu verwenden, besonders Chromgelb zitron, da dieses sehr schnell grün werden kann.

Denken Sie daran, daß Gelb den Blick stark anzieht und in einem Gemälde »hervorsticht«.

Kadmiumgelb hell

Lichtbeständigkeit B

Ein intensives, leuchtendes, helles Gelb, das im Vergleich zum bläulichen Zitronengelb mehr auf der roten Seite des Farbenkreises liegt.

In Mischungen mit den Blau- und Grüntönen entstehen sehr interessante Farbeffekte. Mit Kobaltviolett gemischt, erhält man eine feine, neutrale Farbe.

Es ist angebracht, bei den Kadmiumgelbtönen auf die Farbbestandteile zu achten, da die helle Farbtönung der einen Malfarbenfabrik der mittleren Farbtönung einer anderen Firma entspricht.

Kadmiumfarben sind aufgrund der verwendeten Pigmente sehr teuer, lohnen aber das Geld wegen ihrer Leuchtkraft und Beständigkeit.

Kadmiumgelb

Lichtbeständigkeit B

Kadmiumgelb oder Kadmiumgelb mittel, wie es manchmal genannt wird, ist ein kräftiges, leuchtend-warmes Gelb und gut in Mischungen zu verwenden; eines der reinsten Pigmente.

Es ist ein ideales Gelb mit gut deckenden Eigenschaften; es ergibt in Mischungen mit Kadmiumorange oder Kadmiumrot intensive, sonnige Orangetöne.

Mit Chromoxidgrün feurig, Coelinblau oder Kobaltblau gemischt, erhält man sehr schöne, warme Grüntöne.

Eine vielseitige, lebendige Farbe mit einer brauchbaren Skala von Farbwerten. Von vielen Malern wird diese Farbe berechtigterweise als das wichtigste helle Gelb der Palette erwogen.

Verwenden Sie nicht die preiswerteren Sorten, sie führen niemals zu den gleichen Ergebnissen.

Kadmiumorange

Lichtbeständigkeit B

Eine reine und sehr intensive Farbe mit starker Deckkraft. Obwohl es ziemlich einfach ist, die gebräuchlichsten Orangetöne selbst zu mischen, so kann doch keine Mischung aus Gelb und Rot Kadmiumorange in Intensität oder Reinheit ersetzen.

Wenn Sie Kadmiumorange mit der komplementären Farbe, Blau, mischen wollen, um die sogenannten neutralen Farben zu erhalten (die alle drei subtraktiven Grundfarben *Rot*, *Gelb* und *Blau* enthalten), wird Ihr Erfolg sehr von dem verwendeten Blau abhängen. In Mischungen mit relativ schwachen Blautönen, wie Coelinblau oder Kobaltblau, werden Sie nur eine Reihe von Brauntönen erzielen.

Mit dem stärkeren Phtalocyaninblau gemischt, entsteht jedoch ein bestechendes, geheimnisvolles Grün. So gemischt, erhält man eine sehr brauchbare Farbe für Landschaften.

Kadmiumrot

Lichtbeständigkeit B

Sie sollten die Künstlerfarbe verwenden, da sie heller und beständiger ist als die Studiofarbe. Dieses reine, intensive, gelbliche Rot liefert uns eine große Anzahl von leuchtenden und sauberen Farbtönen.

In Mischung mit Alizarinkarmesin entsteht ein stark vibrierendes Rot, das sich in eine Bildkomposition ruhiger einfügt wie das reine Kadmiumrot. Diese Mischung eignet sich auch für Lasuren besser, da Kadmiumrot in starken Verdünnungen dazu neigt, auszuflocken. Als stabile und lichtbeständige Farbe hat Kadmiumrot allmählich Zinnoberrot, ein minderes Pigment, das leicht nachdunkelt, verdrängt.

Alizarinkarmesin

Lichtbeständigkeit B

Genauso wie Kadmiumrot Zinnober ersetzt hat, wurde Alizarinkarmesin (auch Alizarinkrapplack) ein guter Ersatz für die Krapplackrots, Magentas und Karminrots, die sehr unstabil sind. Ein kräftiges, dunkles, leicht bläuliches Rot; es ergibt sanfte, feine Rosatöne in Verdünnung.

Da es ein besonders klares und transparentes Pigment mit besonders starker Farbkraft ist, sollte man es mit Bedacht verwenden. In Verbindung mit Französischem Ultramarin ergibt sich das reinste, gemischte Violett der Palette.

Wenn die Farbe zu dick aufgetragen wird, verliert sie ihren schönen, tiefen Schimmer und beherrscht leicht die umliegenden Farbtöne. Für den Maler eine unentbehrliche Farbe, um die Palette zu vervollständigen.

Kobaltblau

Lichtbeständigkeit A

Das Standard-Blau vieler Maler: leuchtend und klar mit einem leicht grünlichen Ton. Wegen seiner hohen Transparenz wird es oft in der Lasurmalerei verwendet.

Obwohl es in Mischungen leicht durch andere Farben unterdrückt wird, hat es Leuchtkraft und Beständigkeit und verleiht vielen Farben den letzten Schliff.

Als Farbtönung nahe einem echten, primären Blau, kann es mit Erfolg für Violett- und Grünmischungen verwendet werden. Häufig wird es verwendet, um Tiefe ins Bild zu bringen. Kaufen Sie die beste Qualität, da kein anderes Pigment diese Farbe ersetzen kann.

Phtalocyaninblau

Lichtbeständigkeit B

Wird unter einer Reihe von Namen verkauft: Winsorblau, Monastralblau, Monestialblau, Bocourblau, Heliogenblau und Phtaloblau.

Ein sehr starkes, tiefes, intensives, grünliches Blau, das allmählich Preußischblau, eine weniger beständige Farbe, ersetzt. Beide Pigmente sind jedoch sehr ähnlich im Farbton und in ihren Eigenschaften.

Da es transparent und vibrierend ist, aber hohe Farbkraft hat, muß es mit Vorsicht angewandt werden. Am besten nur in kleinen Mengen benutzen; wird die Farbe zu dick aufgetragen, verliert sie ihre Feinheit.

Auch in Mischungen, in denen die Farbe überwiegt, beherrscht sie leicht das Bild. Mit Bedacht verwendet, wird sie jedoch in Mischungen mit anderen Farben eine äußerst brauchbare Skala von Farbtönen ergeben, besonders von tiefen Waldblaus und -grüns.

Französisches Ultramarin

Lichtbeständigkeit B

Die Farbe erhielt ihren Namen, als die französische Regierung 1828 einem der Entdecker des Verfahrens zur künstlichen Herstellung einen Preis verlieh. Dadurch wurde das sehr teure natürliche Pigment, nämlich der Halbedelstein Lapislazuli, ersetzt. Die Herstellung des künstlichen Ultramarins war ein wichtiger Durchbruch in der Geschichte der Künstlerfarbenpigmente.

Eine reine, beständige Farbe, die von anderen Pigmenten nicht chemisch angegriffen wird. Sie sollte vorsichtig verwendet werden, da sie stark deckt. Mit Gelbtönen gemischt, liefert sie attraktive, matte Grüntöne. In Mischung mit Chromoxidgrün feurig entsteht ein reines Blaugrün.

Noch eine der Farben, die für viele Maler unentbehrlich sind.

Coelinblau

Lichtbeständigkeit A

Dieses saubere, kräftige, helle Blau wird oft benutzt, um klare, sonnige Himmel zu malen.

Wie andere bei hoher Temperatur hergestellte Pigmente ist es sehr lichtbeständig. Aufgrund der hohen Kosten des reinen Pigments werden auch billigere Sorten als Coelinblau angeboten. Das sind entweder Imitationen oder kleine Mengen reinen Pigments in Mischungen mit preiswertem Füllmaterial.

Coelinblau hat größere Deckkraft als die anderen Blautöne, die zwar auch gut decken, aber mehr wegen ihrer Farbtiefe als wegen ihrer Dichte. Coelinblau hat einen sehr schönen grünlichen Ton, der besonders in Verdünnung bemerkbar ist.

Payne's Grau

Lichtbeständigkeit A

Ein sehr brauchbares, deckendes Blaugrau mit einer weichen, abdunkelnden Wirkung auf andere Farben. In Mischungen mit Gelbtönen entstehen geheimnisvolle, matte Grüns.

Eine der wenigen fertigen Farbmischungen (gewöhnlich aus Ultramarin, Schwarz und Ocker), die es sich zu kaufen lohnt. Obwohl es leicht selber angemischt werden kann, schätzen viele Maler die bequeme Handhabung der fertigen Mischung.

Wenn Sie diese Farbtönung für Ihre Malerei brauchbar finden, verschwenden Sie keine Zeit, sie jedes Mal neu anzumischen. Der kleine Anteil von Schwarz wird andere Farben in Mischungen nicht trüben.

Falls nicht verdünnt, benutzen Sie die Farbe sparsam, auch in Mischungen, da sie schnell dominant werden und eine Farbkomposition aus der Balance bringen kann.

Kobaltviolett

Lichtbeständigkeit A

Ein klares, sauberes, transparentes Violett, in zwei Tönen erhältlich: entweder das rötliche »Kobaltviolett« oder das blauere »Kobaltviolett dunkel«. Ich finde den röteren Ton brauchbarer.

Obwohl man ein fast reines Violett aus Alizarinkarmesin und Französischem Ultramarin mischen kann, wird diese Mischung niemals so leuchtend und klar. Ein teures Pigment, aber es lohnt sich. Wenn Sie das ausgefüllte Buch als Nachschlagewerk für Ihre Farbmischungen benutzen, erspart es Ihnen den Zeitverlust und die Farbenverschwendung beim neuerlichen Nachmischen.

Sehr weiche, feine, neutrale Farbtöne können Sie mit der Mischung von Kobaltviolett mit Tönungen von Gelb, seiner komplementären Farbe, erzielen.

Kaufen Sie keine billigeren, unbeständigeren Farben.

Chromoxidgrün

Lichtbeständigkeit A

Ein reines, kühles Grün, sehr lichtbeständig und gut verträglich mit anderen Pigmenten. (Nicht zu verwechseln mit Chromgrün, eine völlig andere und sehr schlechte Farbe aus einer Mischung von Preußischblau und Chromgelb.)

In Verbindung mit den Blau- und Kadmiumgelbtönen erzielt man weiche, gedämpfte Grüntöne und mit Umbra natur ein stumpfes, ziemlich trübes Grün. Als deckendes Pigment muß es unverdünnt sehr vorsichtig verwendet werden.

Obwohl von geringerer Farbkraft, dämpft es doch andere Farben sehr gut ab. Die Farbe war lange Zeit bei Malern wegen ihres angenehmen, kühlen Farbtons sehr beliebt.

Chromoxidgrün feurig

Lichtbeständigkeit A

Die Künstlerfarbe ist ein wenig teuer, die Ausgabe lohnt sich aber. Eines der wichtigsten grünen Pigmente; es behält seine Leuchtkraft auch in Mischungen, ideal für gedämpfte Rot- und Brauntöne. In Mischung mit Neapelgelb ergibt sich ein schönes, weiches Grün, in Mischung mit Umbra natur ein brauchbarer Schattenton.

Da es leicht bläulich ist, ist es gut für kühle, helle Grüntöne geeignet.

Die Farbe wird auch gerne in der Untermalung von Fleischtönen benutzt. Der leuchtend-smaragdfarbene Ton des Chromoxidgrün feurig kommt am besten in der Lasurtechnik zur Geltung. Kaufen Sie nicht die billigeren Sorten, da diese oft Unreinheiten enthalten, die andere Pigmente beeinflussen.

Lichter Ocker

Lichtbeständigkeit A

Lichter Ocker ist eines der ältesten bekannten Pigmente und wurde schon in den Farbstoffen der Höhlenmalerei gefunden.

Ein weiches, golden-gedämpftes Gelb, das sehr beständig und billig ist und auf jede Palette gehört. In Mischungen hat es einen beruhigenden Effekt auf die anderen Farben, es kann als Untermalung dienen und bewährt sich ausgezeichnet in der Schlußphase und sogar für Lasuren.

In Verdünnung verwendet, »blüht« Lichter Ocker geradezu auf. In Mischung mit Umbra gebrannt entsteht ein weicher, sanfter Braunton.

Dem künstlich hergestellten Marsgelb gelang es trotz größerer Brillanz und Reinheit nicht, den Lichten Ocker zu verdrängen. Viele Maler finden ihn zu hart und ziehen den feinen, weichen Ton der traditionellen, ursprünglichen Erdfarbe vor.

Lichter Ocker gebrannt

Lichtbeständigkeit A

Es gibt einige dem Lichten Ocker gebrannt vergleichbaren Farben auf dem Markt. Aus diesem Grund herrscht einige Verwirrung über die beste und brauchbarste Farbe. Pigmente wie Venetianischrot und Spanischrot enthalten Unreinheiten und sollten nicht verwendet werden.

Von größerer Reinheit sind Indischrot und Lichter Ocker gebrannt. Das erstere Pigment läßt sich mit Weiß zu rosaroten Tönen mischen, das andere ergibt, mit Weiß gemischt, ein weiches Lachsrosa.

Ich habe Lichten Ocker gebrannt auf der Farbpalette ausprobiert und fand ihn ein wenig heller, leuchtender als Indischrot. Außerdem läßt sich eine größere Anzahl von Mischungen erzielen. Beständig in der preiswerteren wie in der teuren Sorte.

Verwenden Sie die Farbe sparsam!
Sie hat große Deckkraft. Sie werden manchmal unerwartete Mischungsergebnisse mit dieser Farbe erzielen.

Siena gebrannt

Lichtbeständigkeit A

Weich, dunkel und beständig, einer der wichtigsten und wertvollsten Brauntöne.

Wird wegen seiner vielseitigen Wirkungen oft für Lasuren verwendet. Wenn sie verdünnt wird, ist sie, verglichen mit den anderen Erdfarben, die leuchtendste und transparenteste und auch am wenigsten kreidig in den Mischungen.

Läßt sich gut mit den anderen Pigmenten in dieser Skala verbinden und ergibt feine, saubere Farbtöne. Mit den Gelbtönen, besonders mit Neapelgelb, erhält man einen schönen weichen Effekt.

Umbra natur

Lichtbeständigkeit A

Ein angenehm kühles, dunkles Braun, das gerne in den Schattenpartien und für neutrale Farbtöne verwendet wird. Es hat nur bescheidene Farbkraft, ist aber in den Mischungen eine wertvolle Farbe.

Hüten Sie sich vor der Versuchung, Umbra natur in Landschaften, auch in den Mischungen, zu massiv einzusetzen. Es wird dem Bild sehr bald seinen Stempel aufdrücken.

Gewöhnlich hat Umbra natur einen leicht grünlichen Farbstich. In den preiswerteren Sorten tritt er stärker in Erscheinung, was auf die übermäßige Verwendung von Humus im Pigment zurückzuführen ist. Solche Sorten sind weniger stabil und scheinen zu verblassen. Wenn Sie eine gute Qualität einkaufen, erhalten Sie eine absolut beständige und eine sehr wertvolle Ergänzung für Ihre Farbskala.

Umbra gebrannt

Lichtbeständigkeit A

Wie der Name sagt, ist Umbra gebrannt das Ergebnis eines Röstprozesses derselben farbigen Erde, aus der Umbra natur gewonnen wird.

Das Material wird während des Brennens dunkler und roter.

Ein kräftiges, schweres und vielseitiges Braun; die klassische Schattenfarbe, vielleicht von einigen Malern etwas überstrapaziert. Es ist rötlich im Farbton und bedeutend transparenter und wärmer als Umbra natur.

Ein ideales Pigment zum Abdunkeln der Farben. Mischen Sie Umbra gebrannt mit Französischem Ultramarin oder Phtalocyaninblau und Sie erhalten ein kräftiges, tiefes Dunkelbraun, das viel weicher und sauberer als irgendein schwarzer Ton ist.

Vorsicht bei zu intensiver Anwendung, auch in den Mischungen könnte es dann das Gleichgewicht Ihres Bildes stören.

Teil 2
Farben-Nachschlagewerk

Dieser Teil soll die Grundlage für Ihr Nachschlagewerk für Farben werden.

Füllen Sie die Felder gemäß den Anweisungen aus. Bedenken Sie dabei, daß Sie vorwiegend Mischungen aus zwei Farben verwenden.

Sie sollten es sich zur Gewohnheit machen, die hergestellten Farbmischungen eingehend zu betrachten und sich entsprechende Notizen dazu anzufertigen. Je ausführlicher Ihre Anmerkungen sind, desto leichter wird Ihnen das Mischen in Zukunft fallen. Benutzen Sie die leeren Seiten für Ihre Notizen.

Zitronengelb	Kadmiumgelb hell Zitronengelb	Kadmiumgelb Zitronengelb	Neapelgelb Kadmiumgelb hell	Kadmiumgelb Kadmiumgelb hell
Kadmiumgelb hell	Kadmiumgelb	Zitronengelb Neapelgelb	Kadmiumgelb Neapelgelb	Neapelgelb
Neapelgelb Lichter Ocker	Zitronengelb Lichter Ocker	Kadmiumgelb hell Lichter Ocker	Kadmiumgelb Lichter Ocker	Kobaltviolett Kadmiumgelb hell
Kadmiumorange Kadmiumgelb hell	Kobaltviolett Kadmiumgelb	Kobaltviolett Kadmiumorange	Neapelgelb Kadmiumorange	Lichter Ocker Kadmiumorange

Zitronengelb Kadmiumorange	Kadmiumgelb Kadmiumorange	Kadmiumorange	Alizarinkarmesin Kadmiumorange	Neapelgelb Kadmiumrot
Zitronengelb Kadmiumrot	Kadmiumgelb hell Kadmiumrot	Kadmiumgelb Kadmiumrot	Kadmiumorange Kadmiumrot	Kadmiumrot
Lichter Ocker Kadmiumrot	Kadmiumrot Alizarinkarmesin	Alizarinkarmesin	Kobaltviolett Alizarinkarmesin	Kobaltviolett
Neapelgelb Alizarinkarmesin	Kobaltviolett Kadmiumrot	Zitronengelb Alizarinkarmesin	Kadmiumgelb Alizarinkarmesin	Kadmiumgelb hell Alizarinkarmesin

Zitronengelb Kobaltviolett	Neapelgelb Kobaltviolett	Lichter Ocker Kobaltviolett	Lichter Ocker gebrannt Kobaltviolett	Coelinblau Kadmiumrot
Umbra natur Kadmiumrot	Umbra gebrannt Kadmiumrot	Alizarinkarmesin Siena gebrannt	Kadmiumrot Siena gebrannt	Alizarinkarmesin Lichter Ocker gebrannt
Kobaltblau Kadmiumrot	Lichter Ocker gebrannt	Lichter Ocker Alizarinkarmesin	Zitronengelb Lichter Ocker gebrannt	Lichter Ocker Lichter Ocker gebrannt
Neapelgelb Lichter Ocker gebrannt	Chromoxidgrün feurig Kadmiumrot	Kadmiumrot Lichter Ocker gebrannt	Siena gebrannt Lichter Ocker gebrannt	Siena gebrannt

Lichter Ocker	Kadmiumgelb hell Siena gebrannt	Umbra natur Kadmiumorange	Umbra gebrannt Kadmiumorange	Kadmiumgelb hell Lichter Ocker gebrannt
Zitronengelb Siena gebrannt	Kadmiumgelb Siena gebrannt	Kadmiumorange Siena gebrannt	Kadmiumorange Lichter Ocker gebrannt	Kadmiumgelb Lichter Ocker gebrannt
Neapelgelb Siena gebrannt	Kobaltviolett Siena gebrannt	Lichter Ocker Siena gebrannt	Umbra natur Lichter Ocker gebrannt	Kobaltviolett Umbra natur
Umbra gebrannt Lichter Ocker gebrannt	Umbra natur Alizarinkarmesin	Umbra gebrannt Alizarinkarmesin	Kobaltblau Lichter Ocker gebrannt	Franz. Ultramarin Kadmiumrot

Chromoxidgrün
Alizarinkarmesin

Chromoxidgrün
Kadmiumrot

Lichter Ocker gebrannt
Franz. Ultramarin

Payne's Grau
Kadmiumrot

Chromoxidgrün feurig
Alizarinkarmesin

Coelinblau
Lichter Ocker gebrannt

Chromoxidgrün feurig
Lichter Ocker gebrannt

Kobaltviolett
Umbra gebrannt

Neapelgelb
Umbra gebrannt

Umbra natur
Siena gebrannt

Lichter Ocker
Umbra natur

Kadmiumgelb
Umbra gebrannt

Umbra natur

Zitronengelb
Umbra gebrannt

Chromoxidgrün feurig
Siena gebrannt

Lichter Ocker
Umbra gebrannt

Siena gebrannt
Umbra gebrannt

Umbra gebrannt

Kobaltblau
Siena gebrannt

Umbra natur
Umbra gebrannt

Kadmiumorange Coelinblau	Umbra natur Kadmiumgelb hell	Umbra gebrannt Kadmiumgelb hell	Kadmiumorange Kobaltblau	Zitronengelb Umbra natur
Kadmiumgelb Umbra natur	Neapelgelb Umbra natur	Umbra gebrannt Coelinblau	Siena gebrannt Coelinblau	Chromoxidgrün Lichter Ocker gebrannt
Umbra natur Kobaltblau	Umbra gebrannt Kobaltblau	Payne's Grau Lichter Ocker gebrannt	Umbra gebrannt Franz. Ultramarin	Siena gebrannt Franz. Ultramarin
Chromoxidgrün feurig Umbra gebrannt	Payne's Grau Kadmiumorange	Franz. Ultramarin Kadmiumorange	Kadmiumgelb hell Payne's Grau	Chromoxidgrün feurig Umbra natur

Kadmiumgelb Coelinblau	Chromoxidgrün feurig Kadmiumgelb hell	Kobaltblau Kadmiumgelb hell	Coelinblau Kadmiumgelb hell	Chromoxidgrün feurig Kadmiumorange
Kadmiumgelb hell Chromoxidgrün	Kadmiumgelb Chromoxidgrün	Kadmiumgelb hell Franz. Ultramarin	Kadmiumorange Chromoxidgrün	Umbra gebrannt Chromoxidgrün
Coelinblau Chromoxidgrün	Chromoxidgrün	Kobaltviolett Chromoxidgrün	Lichter Ocker Chromoxidgrün	Neapelgelb Chromoxidgrün
Lichter Ocker Coelinblau	Umbra natur Chromoxidgrün	Chromoxidgrün feurig Chromoxidgrün	Zitronengelb Chromoxidgrün	Kobaltblau Chromoxidgrün

Kadmiumgelb
Chromoxidgrün feurig

Zitronengelb
Chromoxidgrün feurig

Neapelgelb
Chromoxidgrün feurig

Chromoxidgrün feurig

Zitronengelb
Coelinblau

Chromoxidgrün feurig
Coelinblau

Neapelgelb
Coelinblau

Kobaltviolett
Chromoxidgrün feurig

Zitronengelb
Kobaltblau

Kadmiumgelb
Franz. Ultramarin

Kadmiumgelb
Phtalocyaninblau

Kadmiumgelb hell
Phtalocyaninblau

Kadmiumgelb
Kobaltblau

Kadmiumorange
Phtalocyaninblau

Chromoxidgrün
Franz. Ultramarin

Payne's Grau
Chromoxidgrün

Umbra natur
Coelinblau

Lichter Ocker
Kobaltblau

Siena gebrannt
Chromoxidgrün

Lichter Ocker
Chromoxidgrün feurig

Coelinblau	Kobaltblau	Phtalocyaninblau Kobaltblau	Coelinblau Kobaltblau	Neapelgelb Franz. Ultramarin
Coelinblau Kobaltblau	Kobaltviolett Phtalocyaninblau	Neapelgelb Phtalocyaninblau	Chromoxidgrün Phtalocyaninblau	Chromoxidgrün Franz. Ultramarin
Zitronengelb Phtalocyaninblau	Phtalocyaninblau	Coelinblau Phtalocyaninblau	Franz. Ultramarin Phtalocyaninblau	Kobaltblau Franz. Ultramarin
Kobaltviolett Franz. Ultramarin	Franz. Ultramarin	Coelinblau Franz. Ultramarin	Kobaltviolett Kobaltblau	Phtalocyaninblau Alizarinkarmesin

Neapelgelb
Kobaltblau

Chromoxidgrün feurig
Kobaltblau

Lichter Ocker
Phtalocyaninblau

Zitronengelb
Franz. Ultramarin

Umbra natur
Phtalocyaninblau

Umbra gebrannt
Phtalocyaninblau

Payne's Grau
Phtalocyaninblau

Siena gebrannt
Phtalocyaninblau

Chromoxidgrün
Phtalocyaninblau

Franz. Ultramarin
Lichter Ocker

Chromoxidgrün feurig
Payne's Grau

Neapelgelb
Payne's Grau

Franz. Ultramarin
Umbra natur

Franz. Ultramarin
Payne's Grau

Kobaltblau
Payne's Grau

Lichter Ocker gebrannt
Phtalocyaninblau

Kadmiumrot
Phtalocyaninblau

Coelinblau
Alizarinkarmesin

Kobaltblau
Alizarinkarmesin

Franz. Ultramarin
Alizarinkarmesin

Zitronengelb
Payne's Grau

Lichter Ocker
Payne's Grau

Umbra gebrannt
Payne's Grau

Coelinblau
Payne's Grau

Alizarinkarmesin
Payne's Grau

Umbra natur
Payne's Grau

Kadmiumgelb
Payne's Grau

Siena gebrannt
Payne's Grau

Payne's Grau

Kobaltviolett
Payne's Grau

Teil 3
Farbübungen

Die folgenden Seiten sind für Ihre eigenen Übungen vorgesehen.

Wenn Sie nun beispielsweise hauptsächlich Braun-, Gelb- und Grüntöne in Ihren Bildern verwenden, so blättern Sie zu den entsprechenden Seiten zurück und versuchen Sie, diese Farbtöne in unterschiedlichen Verhältnissen auszumischen. Versuchen Sie es doch einmal mit einer Mischung aus Kadmiumrot und Lichtem Ocker im Verhältnis 1 : 2, oder mischen Sie noch eine dritte oder vierte Farbe hinzu.

Probieren Sie die Mischungen zunächst auf losen Papierblättern aus. Wenn Ihnen eine Farbe gefällt, füllen Sie damit ein Feld in diesem Buch aus und notieren sich darunter die Farben und das Mischungsverhältnis. Versuchen Sie, ähnliche Farbtöne in Gruppen zusammenzufassen, damit Sie die feinen Unterschiede, aber auch die Ähnlichkeiten mit einem Blick erfassen lernen.

Wenn die Seiten ausgemalt sind, kann der Inhalt stichwortartig im Inhaltsverzeichnis vermerkt werden.

Mischen Sie doch einfach einmal willkürlich je zwei Farben aus den vorhergehenden Seiten – Sie werden sicher einige interessante Effekte entdecken!